MÉTODO DE ATIVAÇÃO QUÂNTICA **YellowFisic**

Afirmações Mágicas de Poder

Método de Ativação Quântica YellowFisic
6ª edição: Setembro 2023

Copyright © William Sanches, 2020

O conteúdo desta obra é de total responsabilidade do autor e não reflete necessariamente a opinião da editora

Autor:
William Sanches

Projeto gráfico:
Claudio Szeibel
designed by freepik.com

Revisão:
Érica Coutinho

DADOS INTERNACIONAIS DE CATALOGAÇÃO NA PUBLICAÇÃO (CIP)

Sanches, William
Método de ativação quântica YellowFisic / William Sanches —
Porto Alegre : CDG, 2020.
144 p.

ISBN: 978-65-5047-047-0

1. Autoajuda 2. Sucesso pessoal 3. Sanches, WIliam

CDD 131.3

Angélica Ilacqua - Bibliotecária - CRB-8/7057

Produção editorial e distribuição:

contato@citadel.com.br
www.citadel.com.br

MÉTODO DE ATIVAÇÃO QUÂNTICA YellowFisic

Afirmações Mágicas de Poder

Dedicatória
à Louise Hay.

Louise Hay nasceu em 1926 em Los Angeles, nos Estados Unidos. Veio de uma família simples e teve uma infância marcada por abusos e problemas familiares. Casou-se ao completar 28 anos de idade, acreditando que o passado realmente tinha ficado para trás. Quando ela pensou que estava no auge de sua felicidade, foi deixada pelo marido.

Para se recompor, Louise buscou forças em um grupo religioso que estudava as emoções e a mente humana.

Assim, a mulher que teve um passado de sofrimento começou a ver uma luz no final do túnel porque ela encontrou o seu lugar e viu ali algo que realmente a motivava a seguir em frente. O resultado disso foi que descobriu o quanto o pensamento positivo era transformador e que podia, inclusive, impactar na saúde física.

Somos todos 100 por cento responsáveis por nossas experiências. Cada pensamento que temos está criando nosso futuro.

Cada vez mais envolvida e interessada por essa área, tornou-se uma especialista e publicou diversos livros sobre o assunto. Foi uma autora motivacional, palestrante e professora de metafísica. Para quem não sabe, iniciou sua carreira como ministra da Ciência da Mente em 1971.

Ajudou milhões de pessoas pelo mundo todo ao descobrir e usar todo o seu potencial criativo para o crescimento pessoal e a autocura.

Ela foi conhecida como uma das maiores difusoras do conceito de autoajuda. É uma das autoras mais vendidas da história no mercado editorial em todo o mundo.

Desenvolveu padrões positivos de pensamentos para reverter o avanço das diversas doenças nas pessoas. Em 1976, publicou seu primeiro livro, Cure seu corpo, mas o primeiro livro dela que tive contato foi "Você pode curar sua Vida". Neste livro ela compartilha como é possível aplicar sua teoria no dia a dia e eliminar os sentimentos ruins que fazem mal para o corpo e a mente. Tornou-se um best seller mundial.

Louise viajou pelos Estados Unidos ministrando workshops sobre como amar nós mesmos e curar nossas vidas assim. Suas obras já foram traduzidas para mais de 25 idiomas em diversos países do mundo e algumas delas integraram a lista dos mais vendidos do The New York Times.

Mais de 50 milhões de cópias de seus livros foram vendidas até então mundo afora.

Louise Hay morreu em 30 de agosto de 2017, aos 90 anos, em sua casa, enquanto dormia. Entretanto, suas ideias, suas afirmações poderosas, seu método de amor e de cura através da reprogramação mental estão presentes e bem vivos ajudando muitas pessoas que são tocadas por essas mensagens.

Muitos Mestres fazem parte de minha vida, realizei centenas de estudos e tive contato com milhares de afirmações positivas nestes mais de 15 anos trabalhando com desenvolvimento pessoal e espiritualidade, mas aqui eu quis homenageá-la. Louise me ajudou muito com toda sua história e registros a desenvolver esse Método YellowFisic que agora você tem em mãos. Sei que esse método só chegou até mim porque eu estava pronto.

Meu carinho, meu aplauso e meu respeito a ela.

Homenagem, *in memorian*, à **Louise Hay**

SUMÁRIO

11
Introdução

15
Dúvidas

24
YellowFisic

26
Ativaçõesquânticas
e suas funções

28
Como aplicar
o método

36
Ativações
quânticas

137
Afirmação
quântica na
prática

> *"É incrível ter consciência disso tudo!"*
> **William Sanches**

Nossa mente é muito poderosa, ela cria situações, medos, pensamentos negativos, escassez, fracassos, relacionamentos doentios, solidão e faz com que nossa VIDA fique ainda mais densa e atrapalhe nossa criatividade, nossa prosperidade, nossa evolução, nossos sonhos e até nossa forma de nos amarmos.

Da mesma forma que pensamentos negativos possam surgir, os positivos podem fazer o mesmo. Este livro é uma união de afirmações mágicas de poder que fazem parte do **MÉTODO DE ATIVAÇÃO QUÂNTICA YELLOWFISIC.**

Se você está com esse livro em mãos é possível que você vá acessar também as Aulas que estão na sua Plataforma do Curso YellowFisic. Nele, eu explico passo a passo como usar no seu dia a dia esse método.

Esse Método é muito poderoso, ele chegou para mim em um grande "Download". Não são mais fichas que caem, são download que fazemos.

Acredito que tudo já existe no Astral e então acessamos em um grande "Download".

No dia 23 de abril de 2020, acordei com esse nome em mente: YELLOWFISIC e não entendia o que era, fui tomar meu banho como faço todas as manhãs e embaixo do chuveiro vieram as formas, as ativações, como deveriam ser as batidas no pulso e aquilo foi tão forte que sai correndo do banho, me sequei e comecei a rascunhar. Escrevi no meu caderno um rascunho rápido de tudo que chegava na minha cabeça com medo de esquecer.

Meu caderno

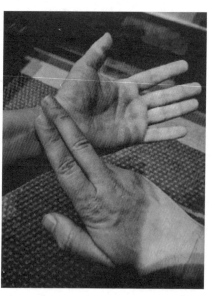

Trecho de um vídeo que gravei no dia para registrar o método

O resultado? Está agora em suas mãos.

Esse não é apenas mais um livro ou um simples curso que você acessa, é muito mais que isso. É um Método de Ativação Quântica, que reprograma sua mente e cria a sua volta uma nova assinatura energética.

Sei que ao abrir qualquer página sua mente se encherá de positividade, seu coração de alegria e sua vibração se tornará tão fortalecida que as coisas serão mais leves para você.

A Lei da Atração se afiniza e acelera com sua vibração e as suas cocriações começam acontecer. Por isso, é muito importante que você saiba o que deseja antes de qualquer ativação. É assim que o método funciona! Ele Ativa sua Assinatura Energética criando a sua volta um campo capaz e forte!

INSISTA!

Se algum pensamento negativo vier a sua mente, pense novamente de outra forma. Não é porque você pensou assim a vida toda, que tem de pensar o resto da vida.

A vida te ama com profundidade e, se você ama também a vida vai emanar positividade neste momento.

Acredito que a vida só tem sentido assim, sendo mais leve e feliz! Agora, com a consciência disso, você se tornará um POLO CONSCIENTE de prosperidade quântica.

Escolha hoje, agora, qual parte você quer ativar. Faça uso desse método, ele possui um poder mágico. Acredite!

William Sanches
 @williamsanchesoficial

DÚVIDAS QUE POSSAM SURGIR

① Posso fazer sem a pulseira?

Claro que pode, o mais importante não é a pulseira em si, **é sua firmeza nas ativações e sua mente focada no que deseja** e sentindo as palavras que está emanando. Lembre-se que seu pensamento ativa sua vibração. Só assim altera sua assinatura energética.

Posso fazer para outras pessoas? ②

Toda vibração boa na direção de uma outra pessoa é bem vinda, porém as afirmações mágicas de poder podem reprogramar a sua mente e não do outro. **Mostre a técnica ou convide a pessoa que você ama a fazer contigo.**

③ Posso fazer essa técnica em grupo?

Pode sim! Escolham em comum acordo uma Ativação e façam todos juntos. Usar a música indicada na Plataforma para potencializar as ativações é bem legal!

Posso fazer qualquer hora do dia?

Sim! Quando desejar.

Posso fazer no banho?

É ótimo fazer a ativação no banho. Você terá com certeza algumas ativações que serão preferenciais suas e com certeza terá decorada. Você pode sim fazer no banho com ou sem a pulseira.

Tenho dúvidas em qual fazer, posso abrir o livro de forma aleatória?

Pode sim, tenho certeza que **sua energia irá direcionar você para uma que esteja necessitando agora**. Todas as ativações vão te fazer bem , então, onde abrir o livro e praticar terá resultados positivos.

Posso escolher uma Ativação e fazer sempre?

Sim! Quando desejar.

Aumenta o efeito se eu acender uma vela ou incenso?

Para ativação ter poder você não precisa de nada externo. Mas se te fizer bem e você quiser criar um ritual próprio para as ativações, não vejo problema. Elas foram criadas para te fazer bem, use como se sentir melhor. Mas não deixe que esse ritual te impeça de fazer as ativações quando não tiver disponível aquilo que você acostumou usar. Nem mesmo a pulseira é obrigatória. Ela apenas te ajuda a ativar o sistema nervoso central para receber os impulsos magnéticos nas palavras positivas.

Preciso fazer em voz alta? (9)

Não! Sua mente tem poder falando alto ou sentindo as palavras internamente. Faça do seu jeito. O seu jeito é o jeito certo. Se estiver no ônibus, por exemplo, não terá como fazer em voz alta, mas pode segurar o pulso e fazer as ativações pensando internamente e terá resultados. Se estiver em casa, no banho, ou em algum lugar só, faça em voz alta e experimente o que será bom para você. Adeque ao seu jeito. Importante é que faça.

(10) Não sei a ativação de cabeça, posso ler aqui no livro? Tem o mesmo efeito?

Claro! O livro é para isso. Os cartões quânticos também.

Posso copiar em outra folha as afirmações e ter comigo? (11)

Sim! Use e abuse.

Posso fazer mais de uma ativação por vez ou faço somente uma por dia e me concentro nela?

Os efeitos são mais significativos quando você faz com **atenção, amor e foco**. Portanto, indico fazer uma de cada vez.

As ativações funcionarão se eu estiver triste ou sem vontade e eu me obrigar a fazer? Vou ter o mesmo resultado?

Sim, as ativações são justamente para realinhar você, melhorando seu estado. Sugiro que você procure na tabela de indicações as Ativações de Bem estar e Saúde Emocional.

Por que bater no pulso? Não pode ser no peito, na testa ou qualquer outro lugar?

Me perguntei isso quando recebi esse método de forma canalizada. Quando não compreendo muito uma coisa não fico questionando ou tentando racionalizar tudo. Se é com amor você pode bater no peito, no pulso ou na testa que os resultados serão os mesmos, mas no caso o **Método YellowFisic** chegou assim para mim. Me fez bem, sei que fará a você também.

 Posso repetir as afirmações mais que 3 vezes, enquanto ativo os toques?

Não precisa, mas se quiser pode sim!

Quantas vezes ao dia tenho que fazer? Sempre no mesmo horário?

Você não "tem que" fazer nada! **Nada é obrigatório ou engessado.** Sinta seu corpo, escute sua alma e se sentir desejo faça novamente, mas também se dê um tempo. Todo processo precisa de seu tempo para agir. Dê esse tempo a você também.

Os toques obrigatoriamente têm de seguir a batida do coração ou posso fazer como eu escolher?

Sempre seguindo as batidas calmas do coração. Se você estiver no Método YellowFisic entre na sua Plataforma de Curso que lá você encontrará músicas em alta frequência com as batidas do coração para aplicar o método.

Se colocar os <u>dedos indicador e médio</u> no pulso direito terá o mesmo resultado?

Eu te devolvo com uma pergunta: **por que sua mente sempre quer alterar as coisas?** Já reparou que ao invés de focar no fluxo do método e sentir as ativações você se preocupa em questionar a forma contrária do método? Sem acreditar, nada funciona. Então, se acreditar que para você a outra mão tem mais poder, faça!

Uma ativação tira o efeito da outra?

Não! Mas também não precisa sair fazendo todas as ativações desesperadamente como quem chega em um banquete e quer comer tudo de uma vez. Aprecie cada iguaria como se fosse a primeira e a última vez que irá comer.

YELLOWFISIC
é incrível para:

Reprogramação de Crenças

Alinhamento dos Níveis de Ansiedade

Ativação da Assinatura Energética Positiva

Conexão Natural com o Dinheiro

Harmonizar os Relacionamentos

Blindar o Amor Próprio e a Autoestima

Ativar a Hiper Sensibilidade Extra Sensorial

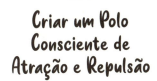

Criar um Polo Consciente de Atração e Repulsão

ATIVAÇÕES QUÂNTICAS
E SUAS FUNÇÕES

CAMPO ENERGÉTICO	Saúde *Física*	Saúde *Emocional*	Prosperidade *Dinheiro e Oportunidades*
ATIVAÇÃO QUÂNTICA	06 / 08 / 41 / 42 / 47 / 48 / 49 / 50 / 57 / 59 / 90 / 92 / 93	01 / 02 / 05 / 09 / 11 / 16 / 28 / 33 / 37 / 38 / 40 / 50 / 51 / 55 / 57 / 59 / 58 / 71 / 90 / 100	03 / 09 / 10 / 12 / 24 / 26 / 32 / 33 / 38 / 40 / 56 / 60 / 61 / 62 / 63 / 64 / 66 / 68 / 69 / 72 / 74 / 77 / 82 / 90 / 94 / 95 / 96 / 97 / 98 / 99 / 100
INDICAÇÃO	· Harmonizar o Corpo com sua Assinatura Energética. · O Corpo Físico é atingido quando a mente não está em harmonia e produz a sua volta uma energia densa. · Essas ativações te ajudam em problemas crônicos, aliviam tensões musculares, ajudam na regularização da pressão arterial, no sono, contribuem para melhoria da imunidade. · Aumentam sua disposição física e harmoniza os órgãos que podem não estar trabalhando em sua energia mais perfeita.	· Desfazer pensamentos negativos e limitantes. · Reprogramar a mente de forma positiva, trabalhando o perdão, o auto perdão, promovendo uma visão amorosa das situações já vividas ou criadas pela mente. · Promove a diminuição do Estresse, da Ansiedade, da Depressão. · Eleva a paz, o amor, a tranquilidade, a serenidade, a esperança e a confiança em si e no mundo. Promove a segurança emocional para tomada de decisões. · Limpa culpa, mágoas, ressentimentos, ideias negativas.	· Quebra de Crenças Limitantes, promovendo a abertura de caminhos criando uma nova assinatura energética, mais forte e duradoura. Fazendo o dinheiro te enxergar, vir até sua vida e permanecer contigo. · Abre seu olhar para enxergar novas oportunidade, ver dinheiro inesperado, resolver problemas financeiros antigos, destravar processos, receber dívidas ou mesmo criar novas oportunidades que suprem qualquer decepção financeira do passado. · Afirmações que abrem a mente para ideias rentáveis, faz as pazes com o dinheiro, percebe o quanto é normal e natural ser rico. · Enxerga oportunidades em tudo. Cria um Padrão mental mais positivo em relação aos negócios e empreendimento.

William Sanches

Bem estar *Harmonização e Gratidão*	Autoestima e *Amor próprio*	Ativar a hiper *Sensibilidade Extra Sensorial*
01 / 08 / 09 / 11 / 20 / 23 / 25 / 07 / 15 / 16 / 31 / 37 / 39 / 43 / 44 / 52 / 53 / 55 / 57 / 71 / 78 / 80 / 83 / 84 / 85 / 86 / 88	04 / 10 / 13 / 14 / 18 / 30 / 36 / 46 / 90 / 17 / 29 / 30 / 45 / 58 / 70 / 87 / 90	07 / 19 / 21 / 22 / 27 / 34 / 35 / 38 / 43 / 54 / 56 / 57 / 64 / 65 / 66 / 67 / 73 / 76 / 79 / 81 / 89 / 90 / 91 / 100

- Reequilibra sua energia, promove bem estar como um todo: corpo, mente e alma.
- Ajuda a encontrar soluções para os desafios diários, acalma a mente promovendo mais criatividade, harmonização.
- Reprograma a mente eliminando reclamações desnecessárias.
- Eleva a energia e a motivação.

- Traz de volta o amor próprio, se colocando em primeiro lugar, valorizando seus talentos pessoais.
- Retira a necessidade de julgamentos, aflora o carinho e o toque em si mesmo.
- Eleva sua energia pessoal imediatamente.
- Fortalece seus pontos fortes e corrige o que precisa ser corrigido.

- Abertura do Canal sensível para percepção Extra Sensorial. Aqui você além de abrir o campo para recepção de boas energias também se torna uma força de repulsão de energias obscuras e que não são bem vindas.
- Expande o sexto sentido te fazendo perceber quando é hora de se retirar, encerrar, sair de cena ou terminar algo que não está bom para você: repulsão natural.
- Abertura da mente como um canal, ampliando a criatividade.

William Sanches

Como aplicar o método

o método

PASSO A PASSO

PASSO 1

Respire
profundamente

por **3x**

PASSO 2

PASSO 3

Solte os braços e Respire novamente *profundamente*

por **3x**

PASSO 4

Coloque seus dedos **indicador** e **médio** da sua mão direita no **pulso da mão esquerda.**

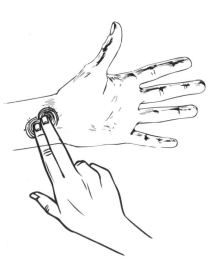

PASSO 5

Dê **leves toques** seguindo a **batida calma do coração** respirando profundamente enquanto ativa os toques quânticos.

PASSO 6

Faça a Ativação conforme seu **desejo** e **objetivo** (escolha uma conforme sua necessidade do momento), sentindo o significado de cada palavra e colocando emoção positiva nisso.

> Repita somente a Ativação por 3X

PASSO 7

Depois de repetir a Ativação Quântica escolhida por 3X,

ATIVAÇÃO QUÂNTICA 1

coloque seu nome_____
você é muito importante para o Planeta e para todo o sistema evolutivo.

É seguro olhar para dentro e **está tudo bem!**

ATIVAÇÃO QUÂNTICA 2

Eu me amo e **está tudo bem!**

Eu me perdoo por

_____

_____

_____

_____

ATIVAÇÃO QUÂNTICA 3

Tenho **força**, *habilidade* e **sabedoria** para vencer qualquer desafio que a vida me apresente.

Confio em mim e sei que farei o melhor!

ATIVAÇÃO QUÂNTICA 4

Tenho **poder**, **confiança** e **capacidade** para conquistar todos meus objetivos.

Não é à toa que cheguei até aqui **sei que vou mais longe.**

A confiança mora em,mim ela é bem vinda e acolhida sempre!

ATIVAÇÃO QUÂNTICA 5

O julgamento não existe mais em mim!

Eu me amo e está tudo bem!

Meus **erros** são sempre **degraus para o meu sucesso** porque aprendo com eles.

A cada degrau que subo me fortaleço.

Aprendi que não preciso ver toda a escada, comemoro e confio em mim a cada degrau, assim subo mais e mais.

ATIVAÇÃO QUÂNTICA 6

Meu corpo está curando o que **precisa** ser curado.

Meu corpo está curando o que **pode** ser curado.

Meu corpo está curando e me sinto melhor a cada dia.

Eu me amo e está tudo bem!

ATIVAÇÃO QUÂNTICA 7

O passado ficou para trás, o futuro é desconhecido e **é no presente que as coisas acontecem**, por isso não é à toa que ele tem esse nome.

Abro os braços e me permito ser feliz.

Abro caminho para quem me faz bem e deixo longe quem me fez mal, sem culpa.

ATIVAÇÃO QUÂNTICA 8

Meu **corpo** é saudável, minha **mente** é brilhante, minha **alma** é tranquila.

Eu me amo e está tudo bem!

ATIVAÇÃO QUÂNTICA 9

Deixo o passado

e **vivo totalmente no presente.**

ATIVAÇÃO QUÂNTICA 10

Minha habilidade em **vencer** meus desafios é ilimitada!

Minha criatividade me faz bem, nem lembro do julgamento dos outros. Eles não tem força sobre mim.

Não me importo com a opinião dos outros, respeito, mas **sigo minhas ideias.**

ATIVAÇÃO QUÂNTICA 11

ATIVAÇÃO QUÂNTICA 12

Tenho a capacidade para criar o **sucesso** e **prosperidade que desejo.**

ATIVAÇÃO QUÂNTICA 13

ATIVAÇÃO QUÂNTICA 14

Faço a *felicidade* o meu
maior **Objetivo!**

Me dou o *melhor,* me coloco
no **melhor!**

ATIVAÇÃO QUÂNTICA 15

Felicidade é uma escolha.

Baseio minha felicidade
nas conquistas e bençãos
que recebi.

Agradeço com verdade e
sei que mais bençãos vem
para mim.

ATIVAÇÃO QUÂNTICA 16

Tenho profunda gratidão pelo que recebo em minha vida.

Meus desafios são oportunidades de **crescimento pessoal.**

Aceito e reconheço o que posso **aprender** nesse momento.

ATIVAÇÃO QUÂNTICA 17

Hoje consigo perceber que o outro age como consegue ser.

Eu sou como sou e **permito ele ser como é.**

Respeito, amo e se preciso, silencio **respeitando o tempo do outro.**

ATIVAÇÃO QUÂNTICA 18

Minha **confiança, autoestima e sabedoria** estão crescendo a cada dia.

Hoje estou bem melhor e me dou o melhor.

Eu me amo e está tudo bem!

ATIVAÇÃO QUÂNTICA 19

Estou fazendo o mundo melhor sendo uma influência **poderosa** e **positiva.**

Tenho sensibilidade para fazer boas escolhas.

Respeito minha voz interna, converso com ela e sempre chegamos a boas decisões.

ATIVAÇÃO QUÂNTICA 20

Aceito mudanças e posso facilmente me ajustar a novas situações.

Aprendo sempre coisas novas quando confio em mim e sei que o melhor está por vir.

ATIVAÇÃO QUÂNTICA 21

A minha alegria fortalece minha
assinatura energética.

Faz com que eu expresse os meus
talentos e habilidades de
forma rápida e boa.

Sou sensível e percebo o que minha
alma quer me dizer agora!

Respiro e ouço o recado que é
importante.

ATIVAÇÃO QUÂNTICA 22

Permito que o espírito da abundância se manifeste em minha vida trazendo **paz, alegria** e **novas realizações.** Estou preparado para ouvir os recados que chegarem para mim.

ATIVAÇÃO QUÂNTICA 23

Tomar decisões é fácil para mim.

Acolho novas ideias e **cumpro** o que digo.

ATIVAÇÃO QUÂNTICA 24

ATIVAÇÃO QUÂNTICA 25

Ao Acordar, planejo um bom dia

A minha expectativa positiva e boa atrai experiências também positivas para mim.

ATIVAÇÃO QUÂNTICA 26

O **emprego perfeito** está à minha procura e cada vez mais próximo de mim.

ATIVAÇÃO QUÂNTICA 27

Tudo vem a mim com **facilidade**, alegria e *glória!*

ATIVAÇÃO QUÂNTICA 28

Medo, eu o reconheço e *não preciso mais de você.*

Medo, eu e você *não combinamos mais.*

Medo, você *não tem mais espaço na minha vida.*

Medo, nós *não temos um contrato.*

Medo, mesmo que tenha entendido que tínhamos um contrato, *nós não temos.*

Medo, entendo que você quis me ajudar, mas *não preciso mais de você agora.*

Medo, siga o seu caminho *sem me incomodar.*

Medo, basta, *não vou mais olhar para você.*

Medo, *eu sou muito maior que você.*

Medo, hoje foi o *último dia que tivemos contato.*

Medo, *eu te bloqueio* da minha vida.

Medo, *eu te perdoo* por tudo o que você me fez.

Medo, eu te deixo livre para que você *vá embora.*

Medo, *está tudo bem.*

Medo, eu escolho *viver a vida sem você.*

Medo, qualquer que seja nosso relacionamento, *ele acaba aqui.*

ATIVAÇÃO QUÂNTICA 29

Me sinto bem **incentivando os outros.**

No trabalho, falo positivamente com os meus colegas e os *ouço com compaixão.*

Em meus relacionamentos sejam amorosos ou com amigos procuro **ouvir com calma o que eles dizem.**

Sendo assim me sinto melhor com *tranquilidade e paz.*

ATIVAÇÃO QUÂNTICA 30

Hoje meu mundo está melhor, **acordei, respirei, agradeci.**

Tomei meu café da manhã e *deixei de ser trouxa!*

As lições da vida me fizeram ter mais esperteza e separar quem me ama e quem só ama o que tenho.

ATIVAÇÃO QUÂNTICA 31

Não reclamo mais, **meu coração** se enche de gratidão.

Respiro amor e fico leve na hora!

Me vejo no sucesso e sei que ele me vê também.

Eu me amo e está tudo bem!

ATIVAÇÃO QUÂNTICA 32

ATIVAÇÃO QUÂNTICA 33

Eu me liberto agora de toda a **resistência antiga** que não me serve mais.

Abro minha mente para o novo e assim permito que novas ideias rentáveis cheguem para mim.

ATIVAÇÃO QUÂNTICA 34

Estou sempre em contato com a *minha fonte criativa.*

Minha fonte criativa está *sempre em contato comigo.*

ATIVAÇÃO QUÂNTICA 35

Deixo os meus pensamentos jorrarem da fonte de amor que é o meu coração.

Limpo tudo que é para ser limpo agora!

Abro minha consciência para perceber quem precisa sair de minha vida.

Corto esse laço com amor e carinho, mas não quero mais nenhum vínculo com essa pessoa. (pode falar o nome se quiser)

Agradeço tudo o que ela (pode falar o nome se quiser) me ensinou até aqui, mas **escolho não ter mais vínculo com ela.**

ATIVAÇÃO QUÂNTICA 36

Ao **olhar no espelho** me aprovo e me amo.

Reconheço Deus em mim e sei que estou dando o meu melhor neste mundo!

Eu me amo e está tudo bem!

ATIVAÇÃO QUÂNTICA 37

Sempre tenho tempo!

Tenho tempo para expressar a minha criatividade em qualquer área que eu escolher.

Não me falta tempo para nada!

Tudo está em seu devido tempo e eu reconheço meu estado no tempo.

ATIVAÇÃO QUÂNTICA 38

Eu respeito a energia desse desafio **(pode falar o desafio)** e agradeço o que aprendi.

Agora, **desejo me desligar** dessa vibração energética de dor.

ATIVAÇÃO QUÂNTICA 39

Todos os meus projetos criativos me dão *muita alegria* e *bem estar!*

ATIVAÇÃO QUÂNTICA 40

Sei que **sou capaz de criar novos milagres** na minha vida.

Já criei coisas incríveis para mim no passado e **sou capaz de repetir**

Tenho em minha essência o *caminho para a prosperidade!*

ATIVAÇÃO QUÂNTICA 41

Meu corpo está saudável
Agradeço a todos os órgãos que
funcionam em perfeita harmonia

Gratidão

Gratidão

Gratidão!

Não sinto dor e está tudo bem!

ATIVAÇÃO QUÂNTICA 42

Meu corpo é capaz de se regenerar
sempre e de novo.

Me sinto bem a cada vez que acordo
ou vou dormir.

Descanso minha **mente** e meu **corpo**
descansa na tranquilidade.

Está tudo bem!
Eu me amo e está tudo bem!

ATIVAÇÃO QUÂNTICA 43

Canalizo agora todos os **meus talentos criativos** para qualquer coisa que *me dê prazer.*

William Sanches

ATIVAÇÃO QUÂNTICA 44

Tenho em mim as **chaves certas** para as **fechaduras certas**.

Abro qualquer porta que eu desejar.

A chave para a felicidade é saber que o meu pensamento cria as minhas experiências.

Uso esta chave em todas as áreas da minha vida.

Eu me amo e está tudo bem!

ATIVAÇÃO QUÂNTICA 45

Todos os meus relacionamentos são *harmoniosos*, eu sempre penso com clareza e me expresso com facilidade para o outro me compreender melhor.

ATIVAÇÃO QUÂNTICA 46

Coloque seu nome e depois repita com a afirmação

Você é inteligência suprema porque foi criação da própria inteligência.

Você se ama e está tudo bem!

Este é um dos melhores dias da sua vida.

Tudo está funcionando para o seu bem abrindo sua prosperidade!

Jamais se preocupe, aquilo que você precisa saber é revelado a você.

ATIVAÇÃO QUÂNTICA 47

A partir de agora faço **melhores escolhas alimentares.**

Gosto dos alimentos que são os melhores para o meu corpo e sinto prazer em consumi-los.

Amo cada célula do meu corpo e apoio a sua regeneração

Quero viver cada vez de forma mais saudável, por isso **cuido com amor do meu corpo.**

ATIVAÇÃO QUÂNTICA 48

Estou agora descobrindo novas formas de *melhorar a minha saúde* e isso é muito bom!

Mantenho a saúde do meu **corpo** com minha **mente** equilibrada e em paz.

Dou ao meu corpo o que ele precisa para viver melhor e mais disposto!

Estou livre de qualquer dor e totalmente em harmonia com a vida abundante!

ATIVAÇÃO QUÂNTICA 49

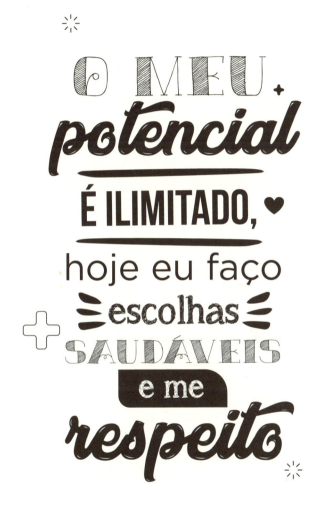

O meu potencial é ilimitado, hoje eu faço escolhas saudáveis e me respeito

William Sanches

ATIVAÇÃO QUÂNTICA 50

Relaxo a cada toque que dou no meu pulso.

Durmo o suficiente todas as noites e relaxo as horas necessárias para que minhas células se restaurem.

O meu corpo gosta da forma como cuido dele.

Eu e meu corpo somos um time!

ATIVAÇÃO QUÂNTICA 51

Estou em segurança e me realizo em tudo o que faço e como faço!

Nego o que me nega e sigo em paz!

ATIVAÇÃO QUÂNTICA 52

Os **meus talentos** são solicitados e valorizados.

Tenho dons especiais que são requisitados por todos os que me cercam.

Sou totalmente gratidão por colaborar com o planeta

ATIVAÇÃO QUÂNTICA 53

A vida nunca está imobilizada, pois cada momento é sempre novo e original, por isso *me dou bem com as novidades.*

Me sinto bem com as **MUDANÇAS** e em paz porque sei que tudo concorre para o bem!

ATIVAÇÃO QUÂNTICA 54

O *meu coração* é o centro da minha força

Ouço atentamente cada batida e me alinho com a calmaria

Minha mente e meu coração andam juntos!

Confio no meu sexto sentido.

Sei que tenho sensibilidade suficiente para perceber os recados do Universo e do meu corpo físico.

ATIVAÇÃO QUÂNTICA 55

Sou uma *expressão alegre* e boa da Vida.

Tudo vem a mim com **facilidade, alegria e glória!**

ATIVAÇÃO QUÂNTICA 56

Minha mente é **totalmente criatividade.**

As ideias me ocorrem facilmente e sem nenhum esforço.

Tenho prazer em coisas novas e aprendo com elas.

ATIVAÇÃO QUÂNTICA 57

> **Para essa ativação você vai precisar de um copo com água. Deixe próximo a você enquanto aplica a Ativação Quântica**

Água é vida.

A água é a minha **bebida preferida** agora.

A água me faz bem e **me limpa.**

Bebo muita água para limpar o **meu corpo** e a **minha mente.**

A água me hidrata e **aflora minha criatividade.**

A água melhora minha imunidade acalmando todo meu sistema nervoso. Me sinto bem e mais feliz ao tomar água.

Gratidão por essa água abençoada.

Gratidão ao meu corpo que recebe vida com essa água.

> **Beba o copo com água assim que terminar o processo da ativação quântica**

ATIVAÇÃO QUÂNTICA 58

Crio novos pensamentos, o mundo à minha volta muda também.

Agradeço a cada mudança positiva que venho percebendo.

Estou **pronto** para ser curado.

Estou disposto a perdoar.

Perdoo aquilo que não posso mudar e *aceito os outros como eles são.*

Eu me amo e está tudo bem.

ATIVAÇÃO QUÂNTICA 59

Reinterpreto a **vida sem julgamentos.**

Olho para dentro e me conecto com a parte de mim que sabe como se curar.

Inspiro o sopro da vida o qual me alimenta e me regenera.

Convido a se retirar qualquer frequência que seja negativa.

Presto atenção amorosamente aos meus sentimentos e cuido de mim como nunca fiz.

Sei que todos os **meus sentimentos são meus parceiros** e querem o meu melhor.

ATIVAÇÃO QUÂNTICA 60

Eu me amo e está tudo bem!

Eu estou em *alinhamento* com o poder do universo.

Eu sou **grato** e **feliz** pelo dinheiro que eu tenho agora.

Eu sou uma pessoa *magnífica*.

Eu sou uma pessoa **maravilhada com a vida**.

ATIVAÇÃO QUÂNTICA 61

Eu sou incrivelmente bem-sucedido em tudo.

Eu sou forte e tenho poder para criar coisas que vão me permitir viver uma vida mais abundante.

Eu tenho certeza do que eu quero.

Eu sou consciente do que eu quero.

Eu estou determinado a ter mais dinheiro.

ATIVAÇÃO QUÂNTICA 62

Eu estou dedicado a
atrair riqueza.

Eu estou confiante que o
melhor está vindo.

Eu sou uma pessoa abundante.

Eu sou um **imã forte** e cheio de
poder para o dinheiro.

Eu sou uma pessoa que
atrai riqueza.

Eu gosto de ser rico.

ATIVAÇÃO QUÂNTICA 63

Eu gosto do dinheiro e o **dinheiro gosta de mim.**

Eu sou uma pessoa **perfeita.**

Eu sou um ser *saudável*.

Minha vibração é perfeita.

Minha vida é incrível.

ATIVAÇÃO QUÂNTICA 64

Eu mereço o melhor.

Eu tenho uma *vida maravilhosa.*

Eu confio no meu **poder manifestação.**

Eu sempre encontro formas de atrair mais e mais dinheiro.

ATIVAÇÃO QUÂNTICA 65

Eu conheço **pessoas incríveis** que vão influenciar as minhas finanças positivamente.

Eu vivo no presente e eu escolho no presente **ter mais dinheiro.**

Eu confio no poder do universo e sei que minha sensibilidade está aflorada para *perceber novas oportunidades.*

ATIVAÇÃO QUÂNTICA 66

Eu sei que tem mais dinheiro sendo fabricado para mim exatamente agora.

Eu permito que *o melhor chegue até mim.*

Eu estou em alinhamento com o **poder do universo.**

Eu nego o que me nega e *aceito o que é bom para mim.*

ATIVAÇÃO QUÂNTICA 67

Eu sou grato e feliz pelo dinheiro que eu tenho agora.

Eu sou uma pessoa criativa e que sabe reconhecer oportunidades.

Eu sou uma pessoa maravilhada com a vida.

Eu sou incrivelmente bem sucedido porque reconheci **meu poder extra sensorial.**

ATIVAÇÃO QUÂNTICA 68

ATIVAÇÃO QUÂNTICA 69

Eu estou determinado a ter mais dinheiro.

Eu estou dedicado a *atrair mais riqueza*.

Eu estou confiante que o **melhor está vindo.**

ATIVAÇÃO QUÂNTICA 70

Eu gosto do dinheiro e o **dinheiro gosta de mim.**

Eu sou uma pessoa perfeita e alinhada com dinheiro.

Eu sou um ser saudável financeiramente e meu companheiro (a) também é!

Agradeço a todas as pessoas que um dia gastaram seu dinheiro comigo.

Honro as pessoas que investiram tempo e dinheiro para que eu esteja aqui agora.

Gratidão ao dinheiro que me fez bem e fará sempre.

ATIVAÇÃO QUÂNTICA 71

ATIVAÇÃO QUÂNTICA 72

Eu conheço *pessoas incríveis* que vão influenciar as **minhas finanças positivamente.**

Eu sei que tem *mais dinheiro sendo fabricado para mim* exatamente agora e **ele encontrará o caminho** e a forma até chegar a mim.

ATIVAÇÃO QUÂNTICA 73

ATIVAÇÃO QUÂNTICA 74

Eu sou o **imã forte** e poderoso **para o dinheiro.**

ATIVAÇÃO QUÂNTICA 75

ATIVAÇÃO QUÂNTICA 76

eu tenho **CERTEZA** *do que* QUERO eu estou **CONSCIENTE DO QUE** QUERO

ATIVAÇÃO QUÂNTICA 77

Eu vivo no presente e eu escolho no **presente ter mais dinheiro**.

Eu confio no **meu poder** de manifestação e por isso *tantas coisas boas acontecem para mim*.

ATIVAÇÃO QUÂNTICA 78

ATIVAÇÃO QUÂNTICA 79

O Universo está respondendo a todas as minhas intenções.

Meus desejos estão se manifestando rapidamente e sem esforço

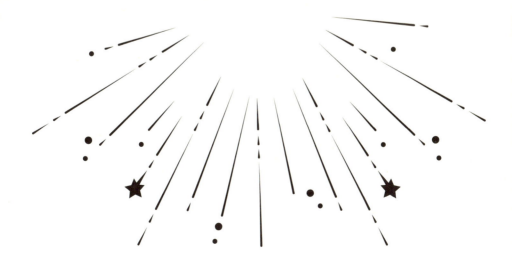

ATIVAÇÃO QUÂNTICA 80

Eu me sinto tão agradecido por estar vivo e por ser *um imã* para **coisas fantásticas.**

ATIVAÇÃO QUÂNTICA 81

a vida CONTINUA *a me surpreender* COM *milagres diários*

Minha energia agora é toda gratidão porque sei que coisas incríveis já aconteceram para mim.

Abro minha sensibilidade para perceber qual caminho seguir agora.

Sei que sou capaz de cocriar milagres, o que de melhor pode me acontecer agora?

ATIVAÇÃO QUÂNTICA 82

Eu sempre encontro formas de **atrair mais e mais dinheiro** e não tem nada de errado nisso!

A *prosperidade é minha aliada* e me sinto bem sendo assim.

ATIVAÇÃO QUÂNTICA 83

Eu sou tão feliz e grato porque tudo o que eu quero já existe!

Me conecto com o melhor e agora sinto as coisas *vindo em minha direção*

ATIVAÇÃO QUÂNTICA 84

ATIVAÇÃO QUÂNTICA 85

Sou todo GRATIDÃO por estar VIVO e ser melhor A CADA minuto

ATIVAÇÃO QUÂNTICA 86

ATIVAÇÃO QUÂNTICA 87

Agora deixo esse **amor** vir à tona e em abundância.

Ele enche meu *coração*, meu corpo, minha mente, minha consciência, todo o meu ser e se irradia de mim em todas as direções.

Quanto mais **amor** uso e dou, mais tenho para dar.

Meus relacionamentos são melhores e mais *calmos*.

O suprimento do amor é infinito.

ATIVAÇÃO QUÂNTICA 88

Minha vida é **sempre nova** e este é um novo dia.

É um prazer e alegria plantar novas sementes, pois sei que elas se tornaram minhas novas etapas boas.

Eu me amo e está tudo bem.

Toda minha vida é **favorável a coisas boas.**

Confio nesse processo agradecendo cada etapa.

Gratidão

Gratidão

Gratidão!

ATIVAÇÃO QUÂNTICA 89

Confio no meu **Eu Superior** e ouço com amor a minha positividade.

Abro meu *Canal Extra Sensorial* para ouvir com atenção o que precisa ser ouvido.

Agora eu escolho fazer a minha vida leve, fácil e alegre.

Tudo concorre para o bem e de maneira harmoniosa.

Eu me amo e está tudo bem!

ATIVAÇÃO QUÂNTICA 90

Agora basta! Em mim bastam todas as crenças velhas e antigas que não me acrescentam nada.

O que serviu para meus avós não me servem mais.

O que serviu para meus pais não me servem mais.

Sei dividir o que é bom e o que não é para mim.

Em mim, basta! Toda crença e toda ideia limitante, em mim, basta!

Corto agora tudo o que possa me impedir de ser grande, próspero e abençoado.

Corto qualquer energia ligada a crenças hereditárias! Em mim, basta!

Com facilidade e liberdade deixo ir o velho e alegremente dou **boas-vindas ao novo.**

Me preparei para esse momento e me sinto merecedor.

Sou livre para ser eu mesmo e dou aos outros a liberdade de serem como são.

Eu me amo e está tudo bem!

ATIVAÇÃO QUÂNTICA 91

Sou seguro e alimentado pelo **amor do universo.**

Tenho proteção divina.

Sou uma fonte de recepção de boas energias e repulsão de energias ruins.

Nada que anda na escuridão vai andar comigo.

Aqueles que desistem não irão me afetar, sei meu caminho.

A Força da Matriz Divina me protege e nenhum mal irá me suceder.

Sei que forças invisíveis me ajudam a resolver desafios.

Eu me amo e me aprovo, eu me amo e está tudo bem.

Assim sou capaz de criar uma vida abundante porque nada me abala. Sou forte, sou capaz, sou inteligente, tenho esperança, tenho confiança, sou abundante, **sou forte, sou forte, sou forte!**

ATIVAÇÃO QUÂNTICA 92

Reconheço em mim *toda a força do universo.*

Tudo vem a mim com **facilidade, alegria** e **glória.**

Flui em mim todo o potencial de cura!

ATIVAÇÃO QUÂNTICA 93

Agradeço a todas as minhas *células cansadas* e permito que se renovem agora.

Decreto meu corpo saudável.

ATIVAÇÃO QUÂNTICA 94

As **dificuldades são portas** para o meu crescimento e evolução.

Tudo o que desejo está dentro do meu ser.

Reconheço em mim toda a prosperidade de forma abundante.

ATIVAÇÃO QUÂNTICA 95

Dinheiro abençoado, eu agradeço você em minha vida.

Dinheiro abençoado, eu faço as pazes com você.

Dinheiro abençoado, *eu reconheço o seu valor.*

Dinheiro abençoado, *eu e você somos amigos.*

ATIVAÇÃO QUÂNTICA 96

Dinheiro abençoado, que bom que você chegou em minha vida.

Dinheiro abençoado, fazemos agora um contrato de parceria.

Dinheiro abençoado, eu invisto em você e você investe em mim.

Dinheiro abençoado, sou feliz por ter você em minha vida.

Dinheiro abençoado, eu acredito num fluxo e por isso vou deixá-lo circular.

_____

_____

_____

_____

**Escreva você essa última afirmação.
Sinta o que está precisando.**

ATIVAÇÃO QUÂNTICA 97

Dinheiro abençoado, sei que mais de você vem para mim e permito que você venha a mim com facilidade, alegria e glória.

Dinheiro abençoado, obrigado por você estar em minha vida.

Dinheiro abençoado, eu te peço perdao por todas as vezes que reclamei de você.

ATIVAÇÃO QUÂNTICA 98

Dinheiro abençoado, está tudo bem agora.

Eu me amo e está tudo bem!

Eu amo você e está tudo bem!

Dinheiro abençoado, eu te amo e permito que você fique em minha vida.

Dinheiro abençoado, acredito no fluxo, permito que você vá, mas aceito que você volte.

ATIVAÇÃO QUÂNTICA 99

Dinheiro abençoado, jamais você me fará falta.

Dinheiro abençoado, sou abundante e permito que você esteja na minha vida pelo melhor.

Você me faz bem e eu faço bem para o mundo. **Unidos somos fortes para a evolução.**

Nem eu te possuo e nem você me possui. Tudo é um fluxo como a natureza faz.

Fazemos bem um para o outro e então, *está tudo bem!*

ATIVAÇÃO QUÂNTICA 100

Eu respeito e compreendo a energia
desse desafio
(ESCREVA O DESAFIO)

_____

_____

mas agora desejo me desconectar dessa
vibração energética.

Trago para a minha vida luz.

Trago para minha vida paz.
Trago para minha vida uma energia próspera
e abençoada.

Trago para minha vida uma renovação
energética.

Permito agora ir embora tudo que pode ir.
Permito agora que tudo que estiver
preparado para ir embora, vá.

Deixo vir neste momento toda energia de
positividade do planeta.

Faço parte agora do grupo positivo de
pessoas nesse planeta.

Nesse momento me junto ao exército de
positividade.

Emano positividade e recebo positividade.
Eu sou agora uma fonte doadora e receptora
de positividade.

Eu me amo e está tudo bem!

Você terá a seguinte tarefa
para ser feita agora!

Agora que você já aprendeu como funciona o método **YELLOWFISIC** é hora de colocar em prática essa expansão de consciência que você construiu ao chegar até aqui!

(1) Escolha uma afirmação quântica para fazer durante 7 dias intensificando essa verdade em você.

(2) O que você quer alcançar com essa afirmação? Lembre-se que os objetivos têm de ser tangíveis, alcançáveis, claros e realistas em 7 dias.

(3) Escreva a afirmação e o resultado esperado todos os dias. Quando escrevemos, estamos dando ao nosso cérebro a "ordem" de que aquilo é realmente importante para nós, portanto, durante os 7 dias escreva a afirmação e o resultado esperado sem questionar ou duvidar!

(4) Depois de feita a afirmação, preencha nos espaços:

> **O que você SENTIU** durante a ativação (alegria, entusiasmo, conexão espiritual, tristeza, ansiedade, sono, vontade de se exercitar, arrepios, etc)

> **Quais as oportunidades, alegrias ou bênçãos, você conseguiu enxergar nesse dia.** Vale tudo: pequenas vitórias, um elogio, uma sorte, um carinho inesperado, uma ideia, etc.

> **Qual a sensação que ficou em seu corpo após a ativação quântica** (serenidade, agitação, euforia, equilíbrio, etc), acolha todos os sentimentos e pensamentos que virão, esse será o seu ESPAÇO para se expressar. Serão dias desafiadores e entusiasmantes!

Dia 1

AFIRMAÇÃO QUÂNTICA

OBJETIVO

O QUE SENTI DURANTE A APLICAÇÃO

OPORTUNIDADES/ALEGRIAS/BENÇÃOS QUE ENXERGUEI HOJE

SENSAÇÃO QUE PERMANECEU EM MEU CORPO

Dia 2

AFIRMAÇÃO QUÂNTICA

OBJETIVO

O QUE SENTI DURANTE A APLICAÇÃO

OPORTUNIDADES/ALEGRIAS/BENÇÃOS QUE ENXERGUEI HOJE

SENSAÇÃO QUE PERMANECEU EM MEU CORPO

Dia 3

AFIRMAÇÃO QUÂNTICA

OBJETIVO

O QUE SENTI DURANTE A APLICAÇÃO

OPORTUNIDADES/ALEGRIAS/BENÇÃOS QUE ENXERGUEI HOJE

SENSAÇÃO QUE PERMANECEU EM MEU CORPO

Dia 4

AFIRMAÇÃO QUÂNTICA

OBJETIVO

O QUE SENTI DURANTE A APLICAÇÃO

OPORTUNIDADES/ALEGRIAS/BENÇÃOS QUE ENXERGUEI HOJE

SENSAÇÃO QUE PERMANECEU EM MEU CORPO

Dia 5

AFIRMAÇÃO QUÂNTICA

OBJETIVO

O QUE SENTI DURANTE A APLICAÇÃO

OPORTUNIDADES/ALEGRIAS/BENÇÃOS QUE ENXERGUEI HOJE

SENSAÇÃO QUE PERMANECEU EM MEU CORPO

Dia 6

AFIRMAÇÃO QUÂNTICA

OBJETIVO

O QUE SENTI DURANTE A APLICAÇÃO

OPORTUNIDADES/ALEGRIAS/BENÇÃOS QUE ENXERGUEI HOJE

SENSAÇÃO QUE PERMANECEU EM MEU CORPO

Dia 7

AFIRMAÇÃO QUÂNTICA

OBJETIVO

O QUE SENTI DURANTE A APLICAÇÃO

OPORTUNIDADES/ALEGRIAS/BENÇÃOS QUE ENXERGUEI HOJE

SENSAÇÃO QUE PERMANECEU EM MEU CORPO